DIÁRIO DE LUTO

Roland Barthes

DIÁRIO DE LUTO
26 de outubro 1977 – 15 de setembro de 1979

Texto estabelecido e anotado por Nathalie Léger

Tradução | Leyla Perrone-Moisés

SÃO PAULO 2011

Esta obra foi publicada originalmente em francês com o título
JOURNAL DE DEUIL
por Editions du Seuil, Paris
Copyright © Editions du Seuil, 2009
Copyright © 2011, Editora WMF Martins Fontes Ltda.,
São Paulo, para a presente edição.

*"Cet ouvrage, publié dans le cadre du Programme d'Aide à la Publication 2011
Carlos Drummond de Andrade de la Médiathèque de la Maison de France,
bénéficie du soutien de l'ambassade de France au Brésil."*

*"Este livro, publicado no âmbito do Programa de Apoio à Publicação 2011
Carlos Drummond de Andrade da Mediateca da Maison de France,
contou com o apoio da embaixada da França no Brasil."*

1ª edição 2011

Tradução
LEYLA PERRONE-MOISÉS

Acompanhamento editorial
Luzia Aparecida dos Santos
Revisões gráficas
Renato da Rocha Carlos
Sandra Cortes
Edição de arte
Katia Harumi Terasaka
Produção gráfica
Geraldo Alves
Paginação/Fotolitos
Studio 3 Desenvolvimento Editorial

Dados Internacionais de Catalogação na Publicação (CIP)
(Câmara Brasileira do Livro, SP, Brasil)

Barthes, Roland, 1915-1980.
Diário de luto : 26 de outubro 1977 – 15 de setembro de 1979 / Roland Barthes texto estabelecido e anotado por Nathalie Léger ; tradução Leyla Perrone-Moisés. – São Paulo : Editora WMF Martins Fontes, 2011. – (Coleção Roland Barthes)

Título original: Journal de deuil.
ISBN 978-85-7827-426-9

1. Barthes, Roland – Diários 2. Críticos – França – Diários 3. Linguistas – França – Diários 4. Luto I. Léger, Nathalie. II. Título. III. Série.

11-06024   CDD-410.92

Índices para catálogo sistemático:
1. França : Linguistas : Diários   410.92

Todos os direitos desta edição reservados à
Editora WMF Martins Fontes Ltda.
*Rua Prof. Laerte Ramos de Carvalho, 133 01325.030 São Paulo SP Brasil
Tel. (11) 3293.8150 Fax (11) 3101.1042
e-mail: info@wmfmartinsfontes.com.br http://www.wmfmartinsfontes.com.br*

| Índice |

Diário de luto
26 de outubro de 1977 – 21 de junho de 1978............ 1

Continuação do diário
24 de junho de 1978 – 25 de outubro de 1978............ 149

[Nova continuação do diário]
25 de outubro de 1978 – 15 de setembro de 1979....... 207

Alguns fragmentos não datados 241

Algumas notas sobre mam. 245

No dia seguinte ao da morte de sua mãe, em 25 de outubro de 1977, Roland Barthes começa um "Diário de luto". Escreve a tinta, às vezes a lápis, em fichas que ele mesmo prepara, a partir de folhas de papel standard cortadas em quatro, que tem sempre em reserva sobre a mesa de trabalho.

Enquanto redige esse diário, Barthes prepara seu curso do Collège de France sobre "O Neutro" (fevereiro-junho de 1978), escreve o texto da conferência "Durante muito tempo, fui dormir cedo" (dezembro de 1978), publica numerosos artigos em diferentes jornais e revistas, escreve A câmara clara *entre abril e junho de 1979, redige algumas páginas do projeto "Vita Nova" durante o verão de 1979, prepara seu curso duplo do Collège de France sobre "A preparação do romance" (dezembro de 1978 – fevereiro de 1980). No princípio de cada uma dessas obras maiores, todas co-*

locadas explicitamente sob o signo da morte da mãe, encontram-se as fichas do "Diário de luto".

Elas são essencialmente redigidas em Paris ou em Urt, perto de Bayonne, onde Barthes passa algumas temporadas em companhia do irmão Michel e da esposa deste, Rachel. Algumas viagens pontuam o período, principalmente ao Marrocos, aonde Barthes, regularmente convidado a ensinar, gosta de ir. Conservado no IMEC[1], *o "Diário de luto" está aqui proposto integralmente, ficha por ficha; recolocamos cronologicamente as fichas, quando estas estavam em desordem; o formato da ficha implica uma redação sempre concisa, mas algumas estão escritas na frente e no verso, e às vezes o texto continua na frente de várias fichas; as iniciais dadas pelo autor designam pessoas próximas, e foram conservadas; os colchetes são do autor; algumas notas de rodapé virão esclarecer o contexto ou precisar uma alusão.*

Henriette Binger, mãe de Roland Barthes, nasceu em 1893. Casou-se com Louis Barthes aos vinte anos; jovem mãe aos vinte e dois anos, tornou-se viúva de guerra aos vinte e três. Morreu com oitenta e quatro anos.

O que aqui se lê não é um livro acabado pelo autor, mas a hipótese de um livro por ele desejado, que contribui para a elaboração de sua obra e, como tal, a esclarece[2].

---

1. Institut Mémoires de l'Édition Contemporaine, Paris. www.imec-archives.com/imec.php (N. da T.)
2. Esta edição foi estabelecida com a colaboração amigável de Bernard Comment e Éric Marty.

DIÁRIO DE LUTO
26 de outubro de 1977 – 21 de junho de 1978

26 de outubro de 1977

Primeira noite de núpcias.
Mas primeira noite de luto?

27 de outubro

– Você não conheceu o corpo da Mulher!

– Conheci o corpo de minha mãe doente, depois agonizante.

27 de outubro

Toda manhã, por volta das seis e meia, lá fora no escuro, o ruído de ferragens das latas de lixo.

Ela dizia com alívio: a noite finalmente acabou (tinha sofrido durante a noite, sozinha, coisa atroz).

Logo que um ser morre, construção afobada do futuro (mudanças de móveis etc.): futuromania.

27 de outubro

Quem sabe? Talvez um pouco de ouro nestas notas?

27 de outubro

– SS: eu cuidarei de você, providenciarei um tratamento de calma.

– RH: há seis meses você andava deprimido, porque sabia. Luto, depressão, trabalho etc. – mas isso dito discretamente, como é de seu hábito.

Irritação. Não, o luto (a depressão) é bem diferente de uma doença. De que desejam curar-me? Para encontrar que estado, que vida? Se há trabalho, aquele que nascer dele não será um ser *comum*, mas um ser *moral*, um sujeito do *valor* – e não da integração.

27 de outubro

Imortalidade. Nunca entendi essa posição estranha, pirronista: não sei.

27 de outubro

Todos calculam – eu o sinto – o grau da intensidade do luto. Mas é impossível (sinais irrisórios, contraditórios) medir quanto alguém está atingido.

27 de outubro

– "Nunca mais, nunca mais!"

– E, no entanto, contradição: esse "nunca mais" não é eterno, já que você mesmo vai morrer um dia.
"Nunca mais" é uma expressão de imortal.

27 de outubro

Reunião numerosa demais. Futilidade crescente, inevitável. Penso nela, que está ao lado. Tudo se desmantela.

É, aqui, o começo solene do grande, do longo luto.

Pela primeira vez, em dois dias, a ideia *aceitável* de minha própria morte.

28 de outubro

Conduzindo o corpo de mam. de Paris a Urt (com JL e o condutor): parada para almoçar num minúsculo boteco popular, em Sorigny (depois de Tours). O condutor ali encontra um "colega" (que leva um corpo a Haute Vienne) e almoça com ele. Caminho um pouco com Jean-Louis ao lado da praça (com um horrível monumento aos mortos), terra batida, cheiro de chuva, província mofina. E, no entanto, algo como um gosto de viver (por causa do cheiro suave da chuva), primeira desmobilização, como uma palpitação muito breve.

29 de outubro

Coisa estranha, sua voz que eu conhecia tão bem, da qual se diz que ela é o próprio grão da lembrança ("a querida inflexão"), não a ouço. Como uma surdez localizada...

29 de outubro

Na frase "Ela não sofre mais", a que, a quem remete o "ela"? Que quer dizer esse presente?

29 de outubro

Ideia – assombrosa, mas não desoladora – de que ela não foi "tudo" para mim. Senão, eu não teria escrito uma *obra*. Desde que eu cuidava dela, há seis meses, efetivamente ela era "tudo" para mim, e esqueci completamente que havia escrito. Eu estava perdidamente por conta dela. Antes, ela se fazia transparente para que eu pudesse escrever.

29 de outubro

Tomando estas notas, confio-me à *banalidade* que há em mim.

29 de outubro

Os desejos que tive antes de sua morte (durante sua doença) agora não podem mais ser realizados, pois isso significaria que é sua morte que me permite realizá-los – que sua morte poderia ser, em certo sentido, libertadora com relação a meus desejos. Mas sua morte mudou-me, já não desejo o que desejava.

29 de outubro

A *medida* do luto.

(Larousse, Memento): dezoito meses para o luto de um pai, de uma mãe.

30 de outubro

Em Urt: triste, brando, *profundo* (sem crispação).

30 de outubro

... que essa morte não me destrua completamente, isso significa que decididamente desejo viver perdidamente, até a loucura, e que, portanto, o medo de minha própria morte continua aqui, não foi deslocado nem uma polegada.

30 de outubro

Muitos seres ainda me amam, mas doravante minha morte não matará nenhum deles.
– e é isso que é novo.

(Mas Michel?)

31 de outubro

Não quero falar disso por medo de fazer literatura – ou sem estar certo de que não o será –, embora, de fato, a literatura se origine dessas verdades.

31 de outubro

Segunda-feira 15 h – Pela primeira vez, voltei sozinho ao apartamento. Como vou poder viver aqui sozinho? E, simultaneamente, a evidência de que não há nenhum lugar alternativo.

31 de outubro

Uma parte de mim vela no desespero; e, *simultaneamente*, outra se agita arrumando mentalmente os mais fúteis de meus assuntos. Experimento isso como uma *doença*.

31 de outubro

Por vezes, muito breve, um momento branco – como que de insensibilidade – que não é um momento de esquecimento. Isso me assusta.

31 de outubro

Acuidade nova, estranha, para ver (na rua) a feiura ou a beleza das pessoas.

1º de novembro

O que mais me espanta: o luto em placas – como a esclerose.

Isso quer dizer: sem profundidade. Placas de superfície – ou melhor, cada placa: total. Blocos.

1º de novembro

Momentos em que estou "distraído" (falo, e, se necessário, gracejo) – como que seco – aos quais sucedem bruscamente emoções atrozes, até as lágrimas.

2 de novembro

O espantoso destas notas é um sujeito devastado submetido à *presença de espírito.*

2 de novembro

(Noitada com Marco)
Sei, agora, que meu luto será *caótico*.

3 de novembro

Por um lado, ela me pede tudo, todo o luto, seu absoluto (mas então não é ela, sou eu que a encarrego de me pedir isso). E, por outro lado (sendo então de fato ela mesma), ela me recomenda a leveza, a vida, como se me dissesse ainda: "vá, saia, distraia-se..."

4 de novembro

A ideia, a sensação que tive esta manhã, de uma recomendação de leveza no luto. Éric me diz hoje que foi o que acaba de reler em Proust (entre o narrador e sua avó).

4 de novembro

Esta noite, pela primeira vez, sonhei com ela; estava deitada, mas não doente, com sua camisola cor-de-rosa comprada no Uniprix...

4 de novembro

Hoje, por volta das 17 horas, tudo está mais ou menos arrumado; a solidão definitiva está aqui, fosca, e só terá termo com minha própria morte.

Nó na garganta. Minha aflição se ativa fazendo uma xícara de chá, escrevendo um pedaço de carta, guardando um objeto – como se, coisa horrível, eu *fruísse* do apartamento arrumado, "só meu", mas essa fruição está *colada* ao meu desespero.

Tudo isso define o *desinteresse* por qualquer trabalho.

5 de novembro

Tarde triste. Saída breve. Na confeitaria (futilidade), compro um doce folheado. Servindo uma cliente, a empregadinha diz *Aqui está*. Era o que eu dizia, quando trazia algo para mamãe, quando estava cuidando dela. Uma vez, já no fim, meio inconsciente, ela repetiu em eco *Aqui está* (*Aqui estou*, foi o que nos dissemos um ao outro durante toda a vida).

Essa expressão da balconista faz com que me venham lágrimas aos olhos. Choro longamente (ao voltar, no apartamento insonoro).

Assim, posso discenir meu luto.

Ele não está diretamente na solidão, no empírico etc.; tenho aí uma espécie de à-vontade, de controle, que deve fazer crer aos outros que sofro menos do que eles pensavam. Ele está ali onde se redilacera a relação de amor, o "nós nos amávamos". O ponto mais ardente no mais abstrato dos pontos...

6 de novembro

Suavidade da manhã de domingo. Sozinho. Primeira manhã de domingo sem ela. Sinto o ciclo dos dias da semana. Enfrento a longa série dos tempos sem ela.

6 de novembro

Compreendi (ontem) muitas coisas; desimportância daquilo que me agitava (instalação, conforto do apartamento, tagarelices e até mesmo risadas com os amigos, projetos etc.).

Meu luto é o de uma relação amorosa e não o de uma organização da vida. Ele vem a mim através das palavras (de amor) que surgem em minha cabeça...

9 de novembro

Vou indo assim-assim através do luto.

Volta, sempre imóvel, o ponto candente: as palavras que ela me disse no sopro da agonia, fulcro abstrato e infernal da dor que me submerge ("Meu R, meu R" – "Estou aqui" – "Você está mal sentando").

– Luto puro, que nada deve à mudança de vida, à solidão etc. Zebrura, buraco vazio da relação de amor.

– Cada vez menos coisas a escrever, a dizer, exceto isto (mas não posso dizê-lo a ninguém).

10 de novembro

Desejam-me "coragem". Mas o tempo da coragem foi aquele de sua doença, quando eu cuidava dela vendo seus sofrimentos, suas tristezas, e eu precisava esconder as lágrimas. A cada instante havia uma decisão a assumir, uma cara a mostrar, e isso é a coragem. – Agora, *coragem* significaria *querer viver*, e esta a gente tem até demais.

10 de novembro

Incomodado e quase culpabilizado porque às vezes acho que meu luto se reduz a uma emotividade.

Mas durante toda a minha vida não fui apenas isto: emotivo?

11 de novembro

    Solidão = não ter ninguém em casa a quem dizer: voltarei a tantas horas, ou a quem poder telefonar (dizer): pronto, cheguei.

11 de novembro

Dia horrível. Cada vez mais infeliz. Choro.

12 de novembro

Hoje – dia do meu aniversário – estou doente e não posso – não preciso dizer a ela.

12 de novembro

[Tolo]: ouvindo Souzay cantar*: "Tenho no coração uma terrível tristeza", desato em soluços.

* de quem eu caçoava outrora[1]

---
1. Ver "A arte vocal burguesa", em *Mitologias* (1957).

14 de novembro

Em certo sentido, resisto à Invocação ao Estatuto da Mãe para explicar minha tristeza².

---
2. Primeira ocorrência da palavra "*chagrin*", que reaparecerá muitas vezes na sequência do texto. Como essa palavra não tem equivalente exato em português, ela será aqui traduzida por "tristeza", "desgosto" ou "pesar", conforme o contexto em que ocorre. Até aqui, a palavra mais frequente era *deuil* (= luto). (N. da T.)

14 de novembro

Um reconforto é ver (nas cartas) que muitas pessoas (longínquas) tinham percebido o que ela era, o que nós éramos, pelo modo como ela está presente em "RB"[3]. Portanto, consegui isso, que agora se reverte em bem.

---

[3]. *Roland Barthes por Roland Barthes* (1975).

15 de novembro

Há um tempo em que a morte é um *acontecimento*, uma ad-ventura, e como tal mobiliza, interessa, tensiona, ativa, tetaniza. E depois, um dia, já não é um acontecimento, é uma outra duração, comprimida, insignificante, inenarrada, abatida, sem apelo: verdadeiro luto insuscetível de qualquer dialética narrativa.

15 de novembro

Estou ou dilacerado, ou indisposto
E às vezes umas lufadas de vida

16 de novembro

Agora, em toda parte, na rua, no café, vejo cada indivíduo como *devendo-morrer*, inelutavelmente, isto é, muito exatamente, como *mortal.* – E, com a mesma evidência, como *não-o-sabendo.*

16 de novembro

Por vezes, lufadas de desejos (por exemplo, de viajar à Tunísia); mas são desejos de *antes* – como que anacrônicos; eles vêm de *uma outra margem*, de outro país, o país de antes. – Hoje, é um país chato, triste – quase sem pontos de água – e irrisório.

17 de novembro

(Crise de tristeza)
(porque V. me escreve dizendo que revê mam. em Rueil, *vestida de cinza*)

Luto: região atroz onde *não tenho mais medo*.

18 de novembro

Não *manifestar* o luto (ou pelo menos ser indiferente a isso), mas *impor* o direito *público* à relação amorosa que ele implica.

19 de novembro

[Confusão de estatutos]. Durante meses, eu fui sua mãe. É como se eu tivesse perdido minha filha (dor maior do que esta? Não havia pensado nisso).

19 de novembro

Ver com horror, como simplesmente possível, o momento em que a lembrança daquelas palavras que ela me disse não me fariam mais chorar.

19 de novembro

Viagem de Paris a Tunis. Série de panes de avião. Esperas intermináveis em aeroportos, no meio da multidão de tunisianos que voltavam às suas casas para o Aïd Kebir[4]. Por que o sinistro desse dia de panes acompanha tão bem o luto?

---
4. "Grande festa", em árabe. É a comemoração mais importante do Islã. (N. da T.)

21 de novembro

Perturbação, deserdamento, apatia: somente, por lufadas, a imagem da escrita como "coisa que apetece", porto, "salvação", projeto, em suma "amor", alegria. Suponho que a devota sincera tem os mesmos impulsos para com seu "Deus".

21 de novembro

Sempre essa distorção dolorosa (porque enigmática, incompreensível) entre minha facilidade para conversar, me interessar, observar, viver como antes, e as crises de tristeza. Sofrimento suplementar, por não estar mais "desorganizado". Mas talvez eu esteja sofrendo por um preconceito.

21 de novembro

Desde a morte de mam., uma espécie de fragilidade digestiva – como se eu estivesse atingido naquilo em que ela mais me cuidava: a comida (embora há meses ela não a preparasse mais pessoalmente).

21 de novembro

Sei agora de onde pode vir a Depressão: relendo meu diário do último verão[5], sinto-me ao mesmo tempo "encantado" (tomado) e decepcionado: portanto, a escrita em seu máximo é afinal irrisória. A Depressão virá quando, do fundo da tristeza, não poderei me agarrar nem mesmo à escrita.

---

5. Roland Barthes publicou algumas páginas desse diário do verão de 1977 em "Delibération", *Tel Quel* nº 82, inverno de 1979. [Incluído em *O rumor da língua* – N. da T.]

21 de novembro
noite

"Entedio-me em toda parte"

23 de novembro

Noitada sinistra em Gabès (vento, nuvens negras, bangalôs lamentáveis, espetáculo folclórico no bar do hotel Chems): já não posso refugiar-me em parte alguma: nem em Paris, nem em viagem. Não tenho mais refúgio.

24 de novembro

Meu espanto – e, por assim dizer, minha inquietude (meu mal-estar) vem do fato de que, na verdade, não é uma falta (não posso descrever isso como uma falta, minha vida não está desorganizada), mas uma *ferida*, algo que dói no coração do amor.

25 de novembro

+ espontaneidade

O que chamo de *espontaneidade*: somente aquele estado *extremo* em que, por exemplo, do fundo de sua consciência debilitada, sem pensar em seu próprio sofrimento, mamãe me diz: "Você está mal, está mal sentado" (porque eu a abano sentado num banquinho).

26 de novembro

Assusta-me absolutamente o caráter *descontínuo* do luto.

28 de novembro

A quem poderia eu fazer esta pergunta (com esperança de resposta)?
Poder viver sem alguém que amávamos significa que a amávamos menos do que pensávamos?

28 de novembro

Frio, noite, inverno. Estou aquecido, porém sozinho. E compreendo que *será preciso* habituar-me a estar *naturalmente* nesta solidão, nela agir, trabalhar, acompanhado, *colado* à "presença da ausência".

29 de novembro

Ver – retomar as notas de *O neutro*[6]. Oscilação (Neutro e Presente).

---
6. Item do fichário preparatório do curso *O neutro* (Collège de France, fevereiro a junho de 1978).

29 de novembro

→ "Luto"
Expliquei a AC, num monólogo, como meu pesar é caótico, errático, e assim resiste à ideia corrente – e psicanalítica – de um luto submisso ao tempo, que se dialetiza, se desgasta, "se arranja". A tristeza não levou de imediato coisa alguma – mas, em contrapartida, não se desgasta.

– Ao que AC responde: o luto é isto. (Ele se constitui, assim, em sujeito do Saber, da Redução) – e isso me faz sofrer. Não posso suportar que *reduzam* – que *generalizem* – Kierkegaard[7] – meu pesar: é como se o roubassem de mim.

---

7. "Logo que falo, exprimo o geral, e se me calo ninguém pode compreender-me" (Søren Kierkegaard, *Temor e tremor*). Barthes referiu-se frequentemente a esse texto.

→ "Luto" 29 de novembro

[Expliquei a AC]

Luto: não se desgasta, não se submete ao desgaste, ao tempo. Caótico, errático: *momentos* (de pesar / de amor à vida) tão frescos agora quanto no primeiro dia.

O sujeito (que sou) é apenas *presente*, só existe *no presente*. Tudo isso ≠ psicanálise: oitocentista: filosofia do Tempo, do deslocamento, modificação pelo Tempo (a cura); organicismo.

Cf. Cage[8].

---

8. O "presente" é um dos elementos fundamentais da pesquisa do compositor norte-americano John Cage, cujas entrevistas integravam a biblioteca de Barthes.

30 de novembro

Não dizer *Luto*. É psicanalítico demais. Não estou *de luto*. Estou triste.

30 de novembro

Em cada "momento" de tristeza, acredito que é exatamente aquele no qual, pela primeira vez, *realizo* meu luto.
Isto quer dizer: totalidade de intensidade.

3 de dezembro

[Noitada Emilio[9] com FM Banier]

Pouco a pouco, deserto a conversa (temendo que pensem que a deixo por desprezo). FMB (revezado por Youssef) constitui um *sistema* forte (aliás talentoso) de valores, de códigos, de seduções, de estilos; mas, proporcionalmente à *consistência* desse sistema, sinto-me excluído dele. Logo, pouco a pouco deixo de lutar, ausento-me, sem preocupação com minha imagem. Isso começa assim por uma desafeição à mundanidade, de início leve, depois radical. A essa progressão mistura-se pouco a pouco a nostalgia do que está vivo para mim: mam. E finalmente caio num *buraco* de tristeza.

---
9. Restaurante de Montparnasse frequentado por pessoas ligadas ao cinema. (N. da T.)

5 de dezembro

[Sensação de que perco JL – de que ele se afasta]. Se eu o perdesse, seria impiedosamente remetido, reduzido à *região da Morte.*

7 de dezembro

Agora, por vezes sobe em mim, inopinadamente, como uma bolha que estoura: a constatação: *ela já não existe, ela já não existe*, para sempre e totalmente. É fosco, sem adjetivo – vertiginoso porque *insignificante* (sem interpretação possível).

Nova dor.

7 de dezembro

As palavras (simples) da Morte:
- "É impossível!"
- "Por quê, por quê?"
- "Nunca mais"
etc.

8 de dezembro

Luto: não um esmagamento, um bloqueio (o que suporia um "preenchimento"), mas uma disponibilidade dolorosa: estou *em alerta*, esperando, espiando a vinda de um "sentido de vida".

9 de dezembro

Luto: mal-estar, situação *sem chantagem possível*.

11 de dezembro

No âmago mais negro desta manhã silenciosa de domingo:

Agora aflora pouco a pouco, em mim, o tema sério (desesperado): doravante, que sentido para minha vida?

27 de dezembro de 1977

Urt

Crise violenta de lágrimas
(a propósito de uma história de manteiga e mantegueira, com Rachel e Michel.) 1) Dor de ter de viver com *outro* casal. Tudo aqui em Urt me remete ao *seu* lar, à *sua* casa. 2) Todo casal (conjugal) forma um bloco do qual o ser solitário está excluído.

29 de dezembro de 1977

O *indescritível* de meu luto vem do fato de que eu não o histerizo: mal-estar contínuo, muito particular.

1º de janeiro de 1978

Urt, tristeza intensa e contínua; constantemente esfolado. O luto piora, aprofunda-se. No começo, coisa estranha, eu tinha uma espécie de interesse em explorar a nova situação (a solidão).

8 de janeiro

Todos são "muito gentis" – e, no entanto, sinto-me só. ("Abandonite").

16 de janeiro de 1978

As anotações diminuem – mas, infelicidade –, contínuo mal-estar intercalado de infelicidades (hoje, infelicidade. Não se escreve o mal-estar).

Tudo me fere. Um nada desperta em mim o abandono.

Suporto mal os outros, o querer-viver dos outros, o universo dos outros. Atraído por uma decisão de retirada para longe dos outros [não suporto mais o universo Y].

16 de janeiro de 1978

Meu universo: fosco. Nele, nada ressoa verdadeiramente – nada cristaliza.

17 de janeiro de 1978

Esta noite, pesadelos: mam. tomada por mal-estares.

18 de janeiro de 1978

O Irremediável é, ao mesmo tempo, o que me dilacera e o que me contém (nenhuma possibilidade histérica de *chantagem* ao sofrimento, pois já aconteceu).

22 de janeiro de 1978

Não tenho desejo, mas necessidade de solidão.

12 de fevereiro de 1978

Sentimento difícil (desagradável, desencorajador) de uma *falta de generosidade*. Faz-me sofrer.

Só posso relacionar isso com a imagem de mam., tão perfeitamente generosa (e ela que me dizia: você é bom).

Eu pensava que, depois de seu desaparecimento, eu o sublimaria por uma espécie de perfeição de "bondade", pelo abandono de toda mesquinharia, de todo ciúme, de todo narcisismo. E me torno cada vez menos "nobre", "generoso".

12 de fevereiro de 1978

Neve, muita neve sobre Paris; é estranho.

Digo a mim mesmo e isso me dói: ela não estará nunca mais aqui para vê-lo, para que eu conte a ela.

16 de fevereiro de 1978

Hoje cedo, ainda a neve, e no rádio, *lieder.* Que tristeza! – Penso nas manhãs em que, doente, eu não ia à escola e tinha a felicidade de ficar com ela.

18 de fevereiro de 1978

Luto: aprendi que ele é imutável e esporádico: *ele não se desgasta*, porque não é contínuo.

Se as interrupções, os saltos estouvados em direção a outra coisa vêm de uma agitação mundana, de uma importunação, a depressão se agrava. Mas se essas "mudanças" (que fazem o esporádico) vão em direção ao silêncio, à interioridade, a ferida do luto passa para um pensamento mais alto. *Trivialidade* (da afoiteza) ≠ *Nobreza* (da Solidão).

18 de fevereiro de 1978

Eu pensava que a morte de mam. faria de mim uma pessoa "forte", pois acederia à indiferença do mundano. Mas foi exatamente o contrário: estou ainda mais frágil (normal: por um nada, em estado de abandono).

21 de fevereiro de 1978

[Bronquite. Primeira doença desde a morte de mam.]

Hoje cedo, pensei constantemente em mam. Tristeza nauseante. Náusea do Irremediável.

2 de março de 1978

A coisa que me faz suportar a morte de mam. se parece com uma espécie de gozo da liberdade.

6 de março de 1978

Meu casaco é tão triste que mam., parece-me, não teria suportado o cachecol preto ou cinza que eu usava sempre, e ouço sua voz me dizendo para pôr um pouco de cor.

Pela primeira vez, então, pego um cachecol colorido (escocês).

19 de março de 1978

M. e eu sentimos que, paradoxalmente (já que de hábito se diz: Trabalhe, distraia-se, veja pessoas), é quando somos empurrados, ocupados, solicitados, *exteriorizados*, que sentimos a maior tristeza. A interioridade, a calma, a solidão a tornam menos dolorosa.

20 de março de 1978

Diz-se que (me diz a Sra. Panzera[10]): o tempo acalma o luto – Não, o Tempo não faz passar nada; só faz passar a *emotividade* do luto.

----

10. Trata-se provavelmente da esposa de Charles Panzera, falecido em junho de 1976 aos 80 anos, e com o qual Barthes e seu amigo Michel Delacroix tomaram aulas de canto no começo dos anos 40.

22 de março de 1978

Quando o pesar, o luto toma sua velocidade de cruzeiro...

22 de março de 1978

A emoção (a emotividade) passa, o pesar fica.

23 de março de 1978

Aprender a (terrível) separação da emotividade (que se acalma) e do luto (que *está aqui*).

23 de março de 1978

Pressa que tenho (constantemente verificada há algumas semanas) de reencontrar a liberdade (livre dos atrasos), de me dedicar ao livro sobre a Fotografia, isto é, de integrar minha tristeza a uma escrita.

Crença e, parece, verificação de que a escrita transforma em mim as "estases" do afeto, dialetiza as "crises".

— A Luta livre: uma vez escrita, não precisei mais vê-la.
— O Japão: idem
— Crise Olivier → *Sobre Racine*
— Crise RH → *Discurso amoroso*
[— Talvez Neutro → transformação do medo do Conflito?][11]

---

11. Resumindo o argumento de seu curso sobre "O Neutro", Barthes precisará, algumas semanas mais tarde: " [...] definiu-se como da alçada do Neutro toda e qualquer inflexão que esquive ou burle a estrutura paradigmática, opositiva, do sentido, visando por conseguinte a suspensão dos dados conflituosos do discurso" (*O neutro*, trad. Ivone Cartilho Benedetti, São Paulo, Martins Fontes, 2003, p. 430). Na sessão de 6 de maio de 1978 ele diz: "Modos de esquivar-se do conflituoso, de 'sair pela tangente' (é mais ou menos todo este curso)" (*idem*, p. 262).

24 de março de 1978

O pesar como uma pedra...
(no meu pescoço,
no fundo de mim)

25 de março

Ontem, explico a Damisch[12] que a emotividade passa, que o pesar fica – Ele me diz: Não, a emotividade volta, você verá.

Esta noite, pesadelo com mamãe perdida. Fico transtornado, à beira das lágrimas.

---

12. Hubert Damisch, filósofo especialista em estética, colega de Barthes na École des Hautes Études em Sciences Sociales, autor de vários livros, entre os quais *Huit thèses pour (ou contre?) la sémiologie de la peinture* (1974) [N. da T.].

1º de abril de 1978

De fato, no fundo, sempre isto: *como* se eu estivesse *como* morto.

2 de abril de 1978

Que tenho a perder, agora que perdi a Razão de minha vida – a Razão de ter medo por alguém?

3 de abril de 1978

"Sofro pela morte de mam."
(Caminhada para chegar à letra)

3 de abril

Desespero: a palavra é demasiadamente teatral, faz parte da linguagem.

Uma pedra.

10 de abril de 1978

Urt. Filme de Wyler, *Pérfida (The Little Foxes)* com Bette Davis.
— A moça fala de repente em "pó de arroz".
— Minha primeira infância inteira volta a mim. Mamãe. A caixa de pó de arroz. Tudo está ali, presente. *Estou lá.*
→ *O Eu não envelhece.*
(Estou tão "fresco" quanto no tempo do Pó de arroz)

Por volta de 12 de abril de 1978

Escrever para lembrar? Não para *me* lembrar, mas para combater a dilaceração do esquecimento *na medida em que ele se anuncia como absoluto.* O – em breve – "nenhum rastro", em parte alguma, em ninguém.

Necessidade do "Monumento".
Memento illam vixisse[13]

---
13. Lembra-te de que ela viveu.

18 de abril de 1978
Marrakesh

Desde que mam. não existe mais, já não tenho aquela impressão de liberdade que tinha em viagem (quando eu a deixava por pouco tempo).

Luto   Gardet

Mystique, 24[14]

[Vacilações, *Fadings*, passagem da asa do Definitivo]
(Índia)
= "afirmação impecável de uma apófase radical, via de *nesciência* intelectual vivida."
– Os *Fadings* do Luto = *Satoris* (v. p. 42)
"vazio de qualquer flutuação mental"
("quebrar toda distinção sujeito-objeto")

....
14. Louis Gardet, *La Mystique*, PUF, 1970.

Casablanca, 21 de abril de 1978[15]

Luto

Pensamento da morte de mam.: bruscas e fugitivas vacilações, apagamentos muito curtos, retomadas pungentes porém como que vazias, cuja essência é: a certeza do Definitivo.

....
15. Foi durante essa estada em Casablanca que Barthes experimentou, no dia 15 de abril, um deslumbramento análogo "à iluminação que o Narrador proustiano experimenta no fim do *Tempo reencontrado*". Essa iluminação está no âmago de seu projeto *Vita Nova* e de seu curso *A preparação do romance I* (São Paulo, Martins Fontes, 2005, p. 15).

Luto Casablanca
27 de abril de 1978
manhã de minha
volta a Paris

– Aqui, durante quinze dias, não parei de pensar em mam., de sofrer por sua morte.
– Sem dúvida em Paris ainda há *a casa*, o sistema que era o meu quando ela estava lá.
– Aqui, longe, todo o sistema desmorona. O que faz, paradoxalmente, com que eu sofra muito mais quando estou "no exterior", longe d'"*ela*", no prazer (?), na "distração". Ali onde o mundo me diz "Tens tudo aqui para esquecer", esqueço ainda menos.

Luto   Casablanca
                                      27 de abril de 1978

– Depois da morte de mam., acredito: espécie de libertação na bondade, ela sobrevivendo ainda mais intensamente como modelo (Figura) e eu liberto do "medo" (da sujeição) que está na origem de tantas mesquinharias (pois, doravante, tudo não me é indiferente? A indiferença (com relação a si mesmo) não é a condição de uma espécie de bondade?).

– Mas, infelizmente, é o contrário que sucede. Não apenas não abandono nenhum de meus egoísmos, de meus pequenos apegos, continuo sempre "me preferindo", mas ainda não consigo investir amorosamente num ser; todos me são um pouco indiferentes, mesmo os mais caros. Experimento – e é duro – a "secura do coração" – a acídia.

1º de maio de 1978

Pensar, saber que mam. morreu *para sempre, completamente* (um "completamente" que só se pode pensar por violência, e sem que se possa manter muito tempo esse pensamento), é pensar, letra por letra (literal e simultaneamente), que eu também morrerei *para sempre e completamente.*

Há, portanto, no luto (o deste tipo, o meu), uma apreensão radical e *nova* da morte; porque antes era apenas um saber *emprestado* (canhestro, vindo dos outros[16], da filosofia etc.), mas agora é *meu* saber. Ele não pode doer *mais* do que meu luto.

---
16. A grafia aqui é incerta: pode-se ler "artes" em vez de "outros".

6 de maio de 1978

Hoje – já de mau humor –, um momento, no fim da tarde, de tristeza horrível. Uma linda melodia para violoncelo de Haendel (*Semele*, 3º ato) me faz chorar. Penso nas palavras de mam. ("Meu R, meu R").

8 de maio de 1978

(Com vistas ao dia em que poderei enfim escrever)

Enfim! Separado dessa escrita na qual eu punha a própria respiração, o *retomar fôlego* de meu pesar, por mil e uma importunações extenuantes, enfim –

(separado de meu pesar pelos outros, separado por eles do "Filosofar")

Eu estendia os braços não em direção à imagem, mas ao filosofar [d]essa imagem[17].

---

17. Barthes acabou por rasurar a preposição "de"; nós a colocamos entre colchetes a fim de propor ao leitor os dois sentidos sucessivamente considerados pelo autor.

10 de maio de 1978

Há várias noites, imagens – pesadelos em que vejo mam. doente, atacada. Terror.

Sofro com *o medo do que aconteceu.*

Cf. Winnicott: medo de um desmoronamento *que já aconteceu*[18].

---
18. Cf. Donald Woods Winnicott, "La crainte de l'effondrement", *Nouvelle Revue Française de Psychanalyse* nº 11, Gallimard, primavera de 1975.

10 de maio de 1978

A solidão na qual me deixa a morte de mam. me deixa sozinho em domínios nos quais ela não tomava parte: os de meu trabalho. Não posso ler ataques (feridas) relativos a esses domínios sem me sentir lamentavelmente mais só, mais abandonado do que antes: desmoronamento do Recurso, mesmo que, quando ele existia, eu nunca recorresse diretamente a ele.

Metonímia *exaustiva* (pânica) do Luto, do Abandono.

12 de maio de 1978
[Luto]

Oscilo – na obscuridade – entre a constatação (mais precisamente: justa?) de que sou infeliz somente por momentos, repentinamente, de modo esporádico, mesmo que esses espasmos sejam próximos uns dos outros – e a convicção de que *no fundo*, *de fato*, estou *constantemente*, o tempo todo, infeliz desde a morte de mam.

17 de maio de 1978

Ontem à noite, filme estúpido e grosseiro, *One Two Two*. Passa-se na época do caso Stavisky[19], que vivenciei. Em geral, isso não me lembra nada. Mas de repente um pormenor do cenário me emociona: simplesmente um lustre com abajur plissado e cordão pendente. Mam. fazia desses abajures – como os fizera em batique. Ela inteira aparece diante de mim.

---

19. Crise política ocorrida na França em 1932, desencadeada pela morte misteriosa de Alexandre Stavisky. (N. da T.)

18 de maio de 1978

Como o amor, o luto torna o mundo, o mundano, irreal, inoportuno. Resisto ao mundo, sofro com o que ele me pede, com sua demanda. O mundo aumenta minha tristeza, minha secura, meu desassossego, minha irritação etc. O mundo me deprime.

18 de maio de 1978

(ontem)

Do Café de Flore, vejo uma mulher sentada no parapeito de uma janela da livraria La Hune; ela tem um copo na mão, parece entediada; homens de costas, o primeiro andar está lotado. É um coquetel.

Coquetéis de maio. Sensação triste, deprimente de estereótipo social e sazonal. Pungente. Penso: mam. não está mais aqui e a vida estúpida continua.

18 de maio de 1978

A morte de mam.: talvez seja a *única coisa*, em minha vida, que não assumi de modo neurótico. Meu luto não foi histérico, quase não foi visível para os outros (talvez porque a ideia de o "teatralizar" me fosse insuportável); e sem dúvida mais histérico, exibindo minha depressão, como se despedindo todos, cessando de viver socialmente, eu ficasse menos infeliz. E vejo que a não neurose não é boa, não é bom.

25 de maio de 1978

Quando mam. estava viva (isto é, toda a minha vida passada), eu estava na neurose por medo de perdê-la.

Agora (é isto que o luto me ensina), este luto é, por assim dizer, o único ponto de mim que não é neurótico: como se mam., num derradeiro dom, tivesse levado para longe de mim a parte má, a neurose.

28 de maio de 1978

A verdade do luto é muito simples: agora que mam. está morta, sou empurrado para a morte (dela, nada me separa, a não ser o tempo).

31 de maio de 1978

De que modo mam. está presente em tudo o que escrevi: por toda parte há ali a ideia do Soberano Bem.

(ver artigo JL e Éric M. a meu respeito na *Encyclopaedia Universalis*[20])

....
20. Trata-se do verbete "Roland Barthes" no suplemento à *Encyclopaedia Universalis* do ano de 1978.

31 de maio de 1978

Não é de solidão que necessito, é de anonimato (de trabalho).

Transformo "Trabalho" no sentido psicanalítico (Trabalho do Luto, do Sonho) em "Trabalho" real – de escrita.

Pois:
O "Trabalho" pelo qual (dizem) saímos das grandes crises (amor, luto) não deve ser liquidado apressadamente; para mim, ele só se *realiza* na e pela escrita.

5 de junho de 1978

Cada sujeito (é o que aparece cada vez mais) age (se arranja) para ser "*reconhecido*".

Quanto a mim, neste ponto de minha vida (em que mam. está morta), eu era *reconhecido* (pelos livros). Mas, coisa estranha – talvez falsa? –, tenho o sentimento de que, ela não estando mais aqui, preciso tornar-me reconhecido novamente. Não fazendo mais um livro qualquer: a ideia de *continuar* como no passado, indo de livro a livro, de curso a curso, tornou-se imediatamente mortífera (eu via isso *até minha morte*).

(Daí meus esforços atuais de demissão).

Antes de retomar, com *sabedoria e estoicismo*, o curso (aliás não previsto) da obra, preciso (sinto-o bem) fazer aquele livro acerca de mam.

Em certo sentido, também, é como se eu precisasse *fazer reconhecer mam*. Isto é o tema do "monumento"; mas:

Para mim, o Monumento não é o *durável*, o *eterno* (minha doutrina é muito profundamente a de que *Tudo passa*: os túmulos também morrem); ele é um ato, *um ativo* que faz *reconhecer*.

(7 de junho. Exposição "Últimos anos
de Cézanne"[21], com AC)

Mam.: como um Cézanne (as aquarelas do fim).
O azul Cézanne.

---

21. A exposição "Cézanne, les dernières années" ocorreu no Grand Palais, em Paris, de abril a julho de 1978.

9 de junho de 1978

Por amor, FW está arrasado, sofre, fica prostrado, requisitado, ausente de tudo etc. Entretanto, ele não perdeu ninguém, o ser que ele ama está vivo etc. E eu, ao lado dele, eu que o escuto, tenho um ar calmo, atento, presente, como se algo de *infinitamente mais grave* não me tivesse acontecido.

9 de junho de 1978

Hoje cedo atravessei a igreja de Saint-Sulpice, cuja simples vastidão arquitetural me encanta: estar *na* arquitetura – Sento-me por um segundo; espécie de "oração" instintiva: que eu consiga realizar o livro *Foto-Mam*[22]. Depois, noto que estou sempre pedindo, querendo alguma coisa, empurrado para a frente pelo Desejo infantil. Um dia, sentar-me no mesmo lugar, fechar os olhos e não pedir nada... Nietzsche: não rezar, abençoar.

Não é isso que o luto deveria trazer?

---

22. O pedido foi atendido. Esse livro será *La chambre claire* [*A câmara clara*], escrito entre abril e junho de 1979 e publicado postumamente em 1980. Na sequência do texto, ele usará a abreviação *Photo* [Foto]. (N. da T.)

9 de junho de 1978

(Luto)
Não Contínuo, mas Imóvel.

9 de junho de 1978

É preciso (tenho vontade de) cuidar de uma espécie de *harmonia* entre o que foi o ser amado e o que se apresenta depois de sua morte: mam. enterrada em Urt, seu túmulo, suas coisas na rue de l'Avre[23].

---
23. Em Paris, no XVº *arrondissement*: ali residia um pastor protestante amigo da família Barthes, ao qual foram doadas as "coisas" de Henriette Barthes para as obras da igreja.

11 de junho de 1978

Tarde com Michel, separamos as coisas de mam.

Comecei de manhã, olhando suas fotos.

Um luto atroz recomeça (mas não havia cessado).

Recomeçar sem descanso. Sísifo.

12 de junho de 1978

Durante todo o tempo do luto, da Dor (tão duro que: não aguento mais, não poderei superar etc.), continuavam a funcionar, imperturbavelmente (como que mal-educados) os hábitos de flertes, namoricos, todo um discurso do desejo, do *eu-te--amo* – que aliás recaía rapidamente – e recomeçava com outro.

12 de junho de 1978

Crise de tristeza. Choro.

13 de junho de 1978

Não suprimir o luto (a dor) (ideia estúpida do tempo que abolirá), mas mudá-lo, transformá-lo, fazê-lo passar de um estado estático (estase, entupimento, recorrências repetitivas do idêntico) a um estado fluido.

13 de junho de 1978

[Cólera de M. ontem à noite. Queixas de R.]

Hoje cedo, com grande dificuldade, retomando as fotos, fiquei emocionado com uma de mam. quando menina, doce, discreta ao lado de Philippe Binger (Jardim de inverno de Chennevières, 1898)[24].
Choro.
Nem mesmo o desejo de se suicidar.

---

24. Essa foto está no centro da segunda parte de *A câmara clara* (Les Cahiers du cinéma, Gallimard, 1980).

13 de junho de 1978

Mania que têm as pessoas (no caso, o gentil Severo[25]) de definir espontaneamente o luto através de fenômenos: "Você não está contente com sua vida? – Não é isso, minha vida vai bem, não sofro de nenhuma falta fenomenal; mas, sem nenhuma perturbação exterior, sem "incidências", de uma falta absoluta: precisamente, não é o "luto", é puro *desgosto* – sem substitutos, sem simbolização.

---
25. Severo Sarduy, escritor cubano radicado em Paris. (N. da T.)

14 de junho de 1978

(Oito meses depois): o segundo luto.

15 de junho

Tudo recomeçava imediatamente: chegadas de textos, pedidos, histórias de uns e outros e, cada um empurrando para a frente, impiedosamente, sua pequena demanda (de amor, de reconhecimento): ela mal desapareceu e o mundo me ensurdece com: *isso continua*.

15 de junho de 1978

Estranho: sofri muito e, no entanto – através do episódio das Fotos –, sensação de que o *verdadeiro luto* começa (também porque caiu o *écran* das falsas tarefas).

16 de junho de 1978

Falando com Cl. M. da angústia que sinto ao ver as fotos de mamãe, ao pensar num trabalho a partir dessas fotos: ela me diz: talvez seja prematuro.

O quê? Sempre a mesma *dôxa* (a mais bem intencionada do mundo): o luto vai *amadurecer* (isto é, o tempo o fará cair como uma fruta, ou estourar como um furúnculo).

Mas, para mim, o luto é imóvel, não está submetido a um *processus*: nada é prematuro com respeito a ele (assim, arrumei o apartamento logo que voltei de Urt: poderiam ter dito também: é prematuro).

17 de junho de 1978

1º luto
falsa liberdade

2º luto
liberdade desolada
mortal, sem
emprego digno

20 de junho de 1978

Em mim, lutam a morte e a vida (descontinuidade e como que ambiguidade do luto) (quem vencerá?) – mas, por enquanto, uma vida *boba* (pequenas ocupações, pequenos interesses, pequenos encontros).

O problema dialético é que a luta desemboque numa vida *inteligente*, e não uma vida-*écran*.

21 de junho

Reli pela primeira vez este diário de luto. Chorei cada vez que se trata dela – de sua pessoa – não de mim.

A emotividade, portanto, volta.
Fresca como no primeiro dia de luto.

CONTINUAÇÃO DO DIÁRIO
24 de junho de 1978 → 25 de outubro de 1978

24 de junho de 1978

Não há nenhum sinal do luto interiorizado.

É a realização da interioridade absoluta. No entanto, todas as sociedades *sábias* prescreveram e codificaram a exteriorização do luto.

Mal-estar da nossa, pelo fato de negar o luto.

(5 de julho de 1978)
(Painter II, p. 68[1])

Luto / *Chagrin*
(Morte da Mãe)
Proust fala de *chagrin*, não de *deuil*[2] (palavra nova, psicanalítica, que desfigura).

---

1. George D. Painter, *Marcel Proust. Tome II: Les années de maturité (1904-1922)*, trad. do inglês por G. Cattaui & R.-P. Vial, Paris, Mercure de France, 1966.
2. Ver nota nº 4. (N. da T.)

(6 de julho de 1978)
(Painter II, p. 405)

Outono de 1921
Proust quase morre (toma barbitúricos em excesso).
– Céleste: "Vamos todos nos reencontrar no Vale de Josafá
– Ah! Você acha mesmo que nos reencontraremos? Se eu tivesse certeza de reencontrar Mamãe, morreria imediatamente"

9 de julho de 1978

Deixando o apartamento para ir ao Marrocos, retiro a flor posta no lugar onde mam. esteve doente – e, de novo, sou tomado pelo medo atroz (de sua morte): cf. Winnicot: como é verdade: *o medo do que aconteceu*. Mas, coisa mais estranha: *e que não pode voltar*. E isso é exatamente a definição do *definitivo*.

13 de julho de 1978

Moulay Bou Selham[3]

Vi as andorinhas voando na noite de verão. Digo a mim mesmo – pensando com aflição em mam. – que barbárie não acreditar nas almas – na imortalidade das almas! Que verdade imbecil é o materialismo!

---
3. Bairro de Casablanca.

Luto
RTP II, 769[4]

[A mãe depois da morte da avó]
... " essa incompreensível contradição entre a lembrança e o nada."

....
4. Marcel Proust, *À la recherche du temps perdu*, ed. Pierre Clarac & André Ferré, Paris, Librairie Gallimard, Bibliothèque de la Pléiade, Tome II, 1957.

18 de julho de 1978

Sonhei de novo com mam. Ela me dizia – ó crueldade – que eu não a amava muito. Mas isso me deixava calmo, tanto eu sabia que era falso.

Ideia de que a morte seja um sono. Mas seria horrível se fosse preciso sonhar eternamente.

(E hoje cedo, seu aniversário. Eu lhe oferecia sempre uma rosa. Compro duas no mercadinho de Mers Sultan e ponho-as em minha mesa.)

18 de julho de 1978

A cada um seu ritmo de sofrimento.

Luto 20 de julho de 1978

Impossibilidade – indignidade – de confiar a uma droga – sob pretexto de depressão – o sofrimento, como se ele fosse uma doença, uma "possessão" – uma alienação (algo que nos torna estrangeiros) – enquanto ele é um bem essencial, íntimo...

Luto   21 de julho de 1978

Mehioula. – Depois de me sentir mal em toda parte (a ponto de adiantar a data de minha volta), encontro em M. um pouco de paz e como que de felicidade; a depressão cede. Compreendo, então, o que não suporto: a mundanidade, o mundo, mesmo que exótico (Moulay Bou Selhan, Casablanca), e aquilo de que preciso: *um afastamento suave*: a ausência de gente (da *minha* gente) sem a solidão (até mesmo em El Jadida, onde reencontro amigos, sinto-me menos bem); mas aqui só tenho Moka, cuja conversa mal compreendo (embora ele fale bastante), sua mulher bonita e muda, seus meninos, selvagens, os rapazes do Oued, desejantes, Angel que me traz um enorme buquê de lírios e gladíolos amarelos, os cães (aliás, barulhentos à noite) etc.

Luto   24 de julho de 1978

Mehioula

Durante toda a viagem, finalmente, este grito – cada vez que penso nela: *quero regressar!* (quero voltar para casa!) – embora eu saiba que ela não está lá para me esperar.

(Voltar para lá onde ela não está? – lá onde nada de estrangeiro, de indiferente, me lembra que ela já não está.)

[Mesmo aqui em Mehioula, onde estive tão perto de uma solidão suportável, onde me senti, em suma, melhor do que em todas as minhas viagens, aqui, logo que o "mundo" mostrava seu nariz (amigos de Casablanca, rádio, amigos de El Jadida etc.), eu me sentia menos bem.]

Luto   Mehioula
                                  24 de julho de 1978

Último dia em M.
Manhã. Sol, um pássaro de canto particular, literário, ruídos do campo (um motor), solidão, paz, nenhuma agressão.

E no entanto – ou mais do que nunca, num ar *puro*, ponho-me a chorar pensando nas palavras de mam., que continuam me queimando e me devastando: mon R.! mon R.! (Não pude dizê-lo a ninguém).

Luto   24 de julho de 1978

O que mam. me deu: *a regularidade no corpo*: não a Lei, mas a Regra (Eficácia, mas pouca disponibilidade).

Luto   24 de julho de 1978

Ou Φ⁵

Foto do Jardin d'Hiver: procuro desesperadamente dizer o sentido evidente.

(Fotografia: impossibilidade de dizer o que é evidente. Nascimento da literatura)

"Inocência": que nunca fará o mal.

---

5. Abreviação da palavra "photographie", que Barthes adota abundantemente nas notas preparatórias de *A câmara clara*. Cf. Jean-Louis Lebrave, "Point sur la genèse de *La chambre claire*", *Genesis* nº 19, ed. Jean-Michel Place, Paris, 2002.

[Ontem à noite, 26 de julho de 1978, voltando de Casablanca, jantar com amigos. No restaurante (do Pavillon de Lac), Paul desaparece; JL acha que é por causa de um atrito entre eles. Faz muitas bobagens, parte em busca do amigo, volta suado, angustiado, culpabilizado – lembra os impulsos suicidas de Paul etc.; sai novamente, vai procurar nos parques etc.]

Discutimos: como saber? P. é louco (*happening*) ou cruel (digo – ouvindo-me: *mal-educado*) (Sempre esse problema da loucura).

→ E penso: *Mam. me ensinou que não se pode fazer sofrer quem se ama.*
Ela nunca fez sofrer os que amava. Essa era sua definição, sua "*inocência*".

Biblioteca Nacional 29 de julho de 1978
Bonnet 29[6]

Carta de Proust a André Beaunier depois da morte de sua mãe, 1906.

Proust explica que só podia encontrar felicidade em seu desgosto... (mas se sente culpado por ter sido para a mãe, em razão de sua má saúde, fonte de preocupações) "Se esse pensamento não me dilacerasse constantemente, eu encontraria na lembrança, na sobrevivência, na comunhão perfeita em que vivíamos, uma doçura que não conheço"

– p. 31. Carta a Georges de Lauris, que acaba de perder a mãe (1907).

"Agora posso lhe dizer uma coisa: você conhecerá doçuras em que ainda não pode acreditar. Quando tinha sua mãe, você pensava muito nos dias de hoje, em que você não a teria mais. Agora você pensará muito nos dias em que a tinha. Quando se habituar a essa coisa horrível que está para sempre no outrora,

---
6. Henri Bonnet, *Marcel Proust de 1907 à 1914*, Paris, Nizet, 1971.

então a sentirá reviver pouco a pouco, voltar para assumir seu lugar, seu lugar pleno junto a você. Neste momento, isso ainda não é possível. Fique inerte, espere que a força incompreensível (...) que o partiu o alivie um pouco, digo um pouco porque você conservará para sempre algo de partido. Diga também isso a si mesmo, pois é uma doçura saber que jamais amaremos menos, que nunca nos consolaremos, que nos lembraremos cada vez mais."

29 de julho de 1978

(Vi um filme de Hitchcock, *Sob o signo de Capricórnio*)

Ingrid Bergman (era por volta de 1946): não sei por que, não sei como dizê-lo, essa atriz, o corpo dessa atriz me comove, vem tocar em mim algo que me lembra mam.: sua tez, suas belas mãos tão simples, uma impressão de frescor, uma feminilidade não narcísica...

Paris, 31 de julho de 1978

Habito minha tristeza e isso me faz feliz.

Tudo o que me impede de habitar minha tristeza é insuportável para mim.

31 de julho de 1978

Não quero mais nada a não ser habitar minha tristeza.

1º de agosto de 1978

[Talvez já anotado]
Continuo (dolorosamente) espantado de poder – finalmente – viver com minha tristeza, o que quer dizer, literalmente, que ela é *suportável*. Mas – sem dúvida – é porque posso, bem ou mal (isto é, com o sentimento de não o conseguir) dizê-la, fraseá-la. Minha cultura, meu gosto pela escrita me dá esse poder apotropaico, ou *de integração*: *integro**, pela linguagem.

Minha tristeza é *inexprimível* mas, apesar de tudo, *dizível*. O próprio fato de que a língua me fornece a palavra "intolerável" realiza, imediatamente, certa tolerância.

....
* fazer entrar num conjunto – federar – socializar, gregarizar-se.

1º de agosto de 1978

Decepção de vários lugares e viagens. Não estou bem em parte alguma. Bem depressa, este grito: *Quero voltar para casa!* (mas onde? já que ela não está em parte alguma, ela que estava lá onde eu podia *voltar para casa*). Procuro meu lugar. *Sitio.*

1º de agosto de 1978

A literatura é isto: não posso ler sem dor, sem sufocação de verdade, tudo o que Proust escreve em suas cartas sobre a doença, a coragem, a morte de sua mãe, seu desgosto etc.

1º de agosto de 1978

Horrível figura do luto: a acídia, a secura de coração: irritabilidade, impotência para amar. Angustiado porque não sei como recolocar a generosidade em minha vida – ou o amor. Como amar?

– Mais próximo da Mãe (do Cura) de Bernanos[7] do que do esquema freudiano.

– Como eu amava mamãe: eu nunca resistia a ir a seu encontro, alegrava-me ao revê-la (férias), punha-a em minha "liberdade"; em suma, eu a *associava* profundamente, escrupulosamente. A acídia vem desta desolação: não há ninguém, à minha volta, por quem eu teria a coragem de fazer o mesmo. Egoísmo desolado.

---

7. Referência ao romance *Journal d'um curé de campagne*, de Georges Bernanos (Paris, Plon, 1936). (N. da T.)

1º de agosto de 1978

Luto. Quando morre o ser amado, fase aguda de narcisismo: saímos da doença, da servidão. Depois, pouco a pouco, a liberdade começa a pesar, a desolação se instala, o narcisismo abre espaço para um egoísmo triste, uma ausência de generosidade.

1º de agosto de 1978

Às vezes (como ontem no pátio da Biblioteca Nacional), como dizer aquele pensamento fugitivo feito um relâmpago, de que mam. não está mais aqui *para sempre*; uma espécie de asa negra (do definitivo) passa sobre mim e me corta a respiração; uma dor tão aguda que parece que, para sobreviver, eu derivo logo em direção a outra coisa.

3 de agosto de 1978

Exploração de minha necessidade (vital, ao que parece) de solidão: e, no entanto, tenho uma necessidade (não menos vital) de meus amigos.

Seria pois preciso: 1) exigir de mim mesmo que eu os "chame" de tempos em tempos, que eu encontre a energia necessária para fazê-lo, que eu combata minha apatia – principalmente telefônica; 2) pedir-lhes que compreendam que é preciso, sobretudo, deixar que eu os chame. Se eles me solicitassem menos vezes, isso significaria, para mim, que devo chamá-los.

Luto   3 de agosto de 1978

Só quero fazer viagens em que não tenha tempo de dizer: *quero voltar para casa.*

10 de agosto de 1978
Proust SB 87[8]

"A beleza não é como um superlativo daquilo que imaginamos, como um tipo abstrato que temos diante dos olhos, mas, pelo contrário, um tipo novo impossível de imaginar, que a realidade nos apresenta."

[Da mesma forma: meu desgosto não é como o superlativo da dor, do abandono etc., como um tipo abstrato (que poderia ser captado pela metalinguagem), mas, pelo contrário, um tipo novo etc.]

---

8. Marcel Proust, *Contre Sainte-Beuve*, ed. Bernard de Fallois, Paris, Gallimard, 1954, p. 80.

10 de agosto de 1978

Proust. *Contre Sainte-Beuve*, 146
Sobre sua mãe:
... "e os belos traços de seu rosto..., imbuído de doçura cristã e de coragem jansenista [protestante]..."[9]

---
9. A citação de Proust (p. 128 da edição citada) é a seguinte: "E os belos traços de seu rosto judaico, imbuído de doçura cristã e de coragem jansenista, faziam dela a própria Ester, naquela pequena representação familiar, quase conventual, imaginada por ela para distrair o despótico doente que estava ali na cama". É Barthes que acrescenta "protestante" entre colchetes, a confissão religiosa de sua mãe.

(10 de agosto de 78)
Sainte-Beuve, 356

"*Nós dois nos calávamos.*"

Páginas dilacerantes sobre a separação de Proust e sua mãe:
"E se eu partisse por meses, por anos, por..."
"Nós dois nos calávamos... etc."
e: "Eu disse: sempre. Mas à noite (...) as almas são imortais e um dia serão reunidas..."

(10 de agosto de 1978)

Impressionado pelo fato de que Jesus amava Lázaro e que, antes de o ressuscitar, ele chorou (João, 11).

"Senhor, aquele que amais está doente."

"Quando ele soube que aquele estava doente, ficou mais dois dias no lugar em que ele se encontrava."

"Nosso amigo Lázaro está repousando; vou despertá-lo." [ressuscitá-lo]

... "Jesus estremeceu interiormente. Perturbado, etc."

11, 35. "Senhor, vinde e vede." Jesus chorou. Os Judeus disseram então: "Como ele o amava!"

Estremecendo novamente em seu interior...

(10 de agosto de 1978)

[Retrato da avó de Robert de Flers, que acaba de morrer, por Proust (*Chroniques*, p. 72)[10]

"Eu que tinha visto *suas lágrimas de avó – suas lágrimas de menina – ...*]

---

10. Marcel Proust, *Chroniques*, ed. Robert Proust, Gallimard, 1927. O texto evocado se intitula "Uma avó" e fora publicado em *Le Figaro* no dia 23 de julho de 1907. É Barthes quem sublinha. A indicação da página está incorreta; trata-se, de fato, das pp. 67-68.

11 de agosto de 1978

Folheando um álbum de Schumann, lembro-me imediatamente que mam. gostava dos *Intermezzi* (que eu fizera tocar uma vez no rádio).

Mam.: poucas palavras entre nós, eu ficava silencioso (palavras de La Bruyère citadas por Proust), mas lembro-me de seus menores gostos, de seus juízos.

12 de agosto de 1978

(Haiku. Munier p. XXII[11])

Calma do fim de semana de 15 de agosto; enquanto o rádio transmite o *Príncipe de madeira* de Bártok, leio isto (na visita do Templo de Kashino, grande narrativa de viagem de Bashô): "Ficamos sentados por um longo momento, no mais extremo silêncio."

Experimento imediatamente uma espécie de satori, doce, feliz, como se meu luto se acalmasse, se sublimasse, se reconciliasse, se aprofundasse sem se anular – como se "eu me reencontrasse";

---

11. Roger Munier, *Haïku*, pref. Yves Bonnefoy, Paris, Fayard, col. "Documents spirituels", 1978.

18 de agosto de 1978

Por que não suporto mais viajar? Por que desejo o tempo todo, como um menino perdido, "voltar para minha casa" – onde, entretanto, mam. não está mais presente?

Continuar "falando" com mam. (a fala partilhada sendo a presença) não é um discurso interior (nunca "falei" com ela), mas um modo de vida: tento viver cotidianamente segundo seus valores: cozinhando eu mesmo, reencontrar um pouco da comida que ela fazia, manter sua ordem caseira, aquela aliança de ética e estética que era sua maneira incomparável de viver, de agir no cotidiano. Ora, essa "personalidade" do empírico caseiro não é possível em viagem – só é possível em minha casa. Viajar é separar-me dela – ainda mais agora que ela não está mais aqui – que ela não é mais do que o mais íntimo do cotidiano.

18 de agosto de 1978

    O lugar do quarto onde ela esteve doente, onde ela morreu, e onde habito agora, a parede na qual a cabeceira de seu leito se apoiava, pus ali um ícone – não por fé – e ponho sempre flores sobre uma mesa. Chego a não querer mais viajar para poder estar ali, para que as flores nunca murchem.

18 de agosto de 1978

Partilhar os *valores* do cotidiano silencioso (gerir a cozinha, a limpeza, as roupas, a estética e algo como o passado dos objetos), era minha maneira (silenciosa) de conversar com ela. – E é assim que, ela já não estando presente, posso ainda fazê-lo.

21 de agosto de 1978

No fundo, o traço comum das depressões, os momentos em que *estou mal* (viagens, situações mundanas, alguns aspectos de Urt, demandas criptoamorosas) seria este: não suporto que – mesmo por revezamento – eu possa tomar algo como uma *substituição* de mam.

E as vezes em que estou menos mal é quando estou numa situação em que há uma espécie de *prolongamento* da minha vida com ela (apartamento).

21 de agosto de 1978

Por que eu desejaria a menor posteridade, o menor rastro, já que os seres que amei, os que mais amo, não deixarão nenhum, eu ou alguns sobreviventes passados? Que me importa durar para além de mim mesmo, no desconhecido frio e mentiroso da História, já que a memória de mam. não durará mais do que eu e aqueles que a conheceram, e que morrerão por sua vez? Não quero um "monumento" só para mim.

21 de agosto de 1978

O desgosto é egoísta.

Só falo de mim. Não posso falar dela, do que ela era, fazer um retrato estupendo (como aquele que Gide fez de Madeleine).

(No entanto, tudo é verdade: a doçura, a energia, a nobreza, a bondade.)

21 de agosto de 1978

O que me parece mais afastado de meu desgosto, de mais antipático a ele: a leitura do jornal *Le Monde* e suas maneiras ácidas e informadas.

21 de agosto de 1978

Tentei explicar a JL (mas isso cabe numa frase):
Durante toda a minha vida, desde a infância, tive *prazer* em estar com mam. Não era um hábito. Eu me alegrava com as férias em U. (embora não goste nem um pouco do campo) porque sabia que estaria o tempo todo com ela.

13 de setembro de 1978

O sinistro
egoísmo (egotismo)
do luto
do desgosto

Minha moral[12]

– A coragem da discrição
– É corajoso não ser corajoso

---
12. Esta ficha, sem data, está barrada por um traço oblíquo.

17 de setembro de 1978

Desde a morte de mam., apesar – ou através – do esforço obstinado para empreender um grande projeto de escrita, alteração progressiva da confiança em mim – naquilo que escrevo.

(3 de outubro de 1978)

A modéstia profunda que a fazia ter, não coisa alguma (nenhum ascetismo), mas poucas coisas – como se ela quisesse que, depois de sua morte, nós não tivéssemos de "nos livrar" do que lhe havia pertencido.

(3 de outubro de 1978)

(Como) o tempo é longo, sem ela.

(6 de outubro de 1978)

[Esta tarde, dificuldades exaustivas de tarefas atrasadas. Minha conferência no Collège → Pensar nas pessoas que talvez estejam lá → Emotividade → MEDO. E descubro (?) isto:]

MEDO: sempre afirmado – e escrito – como central, em mim. Antes da morte de mam., esse Medo: medo de perdê-la.
E agora que a perdi?
Continuo tendo MEDO, e talvez ainda mais, pois, paradoxalmente ainda mais frágil (daí minha obsessão pela *retirada*, isto é, alcançar um lugar integralmente a salvo do Medo).

– Medo, portanto, do quê, agora? – De morrer eu mesmo? Sim, sem dúvida. – Mas, ao que parece, menos – sinto-o – pois morrer foi o que fez mam. (fantasma benfazejo: juntar-me a ela)

– Portanto, de fato: como o psicótico de Winnicott, *tenho medo de uma catástrofe que já aconteceu.* Eu a recomeço constantemente, em mim mesmo, sob mil substitutos.

– Por isso, agora, um arrebatamento de pensamentos, de decisões.

– Exorcizar esse Medo indo *lá onde tenho medo* (lugares fáceis de reconhecer, graças ao sinal de emotividade).

– Liquidar urgentemente o que me impede, me separa de escrever um texto sobre mam.: a saída ativa da Tristeza: o acesso da Tristeza ao Ativo.

[Texto que deveria acabar nesta ficha, sobre essa abertura (parto, defecção) do Medo.]

(7 de outubro de 1978)

Reproduzo em mim – constato que reproduzo em mim pequenos traços de mam.: esqueço – minhas chaves, uma fruta comprada no mercado.

Falhas de memória, que acreditávamos serem suas *características* (ouço suas queixas modestas a esse respeito), tornam-se agora minhas.

(8 de outubro de 1978)

Quanto à morte, a morte de mam. me dava a certeza (até então abstrata) de que todos os homens são mortais – de que jamais haveria discriminação – e a certeza de dever morrer *segundo essa lógica* me apaziguava.

(20 de outubro de 1978)

Aproxima-se o dia, o dia do aniversário da morte de mam. Tenho cada vez mais medo, como se nesse dia (25 de outubro) ela devesse morrer uma segunda vez.

(25 de outubro de 1978)

Dia do aniversário da morte de mam.
Jornada em Urt.

Urt, a casa vazia, o cemitério, o túmulo novo (alto demais, maciço demais para ela, tão miúda no fim); meu coração não se desaperta; estou seco, sem o reconforto de uma interioridade. O simbolismo do aniversário não me traz nada.

(25 de outubro de 1978)

Penso novamente na novela de Tolstoi, *O Pai Sérgio* (vi recentemente o filme, ruim). Episódio final: ele encontra a paz (o Sentido, ou a Isenção do Sentido) quando reencontra uma menina de sua infância, Mavra, que, tendo ficado avó, simplesmente cuida dos seus com amor, sem se colocar nenhum problema de *parecer*, de santidade, de Igreja etc. Digo a mim mesmo: é mam. Nela, jamais uma metalinguagem, uma pose, uma imagem desejada. É isto a "Santidade".

[Que paradoxo: eu, tão "intelectual" (ou pelo menos tão acusado de o ser, eu tão tecido de uma metalinguagem incessante (que defendo), ela me diz soberanamente a não linguagem.]

[NOVA CONTINUAÇÃO DO DIÁRIO]
25 de outubro de 1978 → 15 de setembro de 1979

4 de novembro de 1978

Estas notas de luto rareiam. Sedimentação. Como pode o esquecimento tornar-se inexorável? ("doença" que passa?) E no entanto...

22 de novembro de 1978

Ontem à noite, coquetel por meus 25 anos na editora Seuil. Muitos amigos – Você está contente? – Sim, claro [*mas* sinto falta de mam.].

Toda "mundanidade" reforça o vazio do mundo onde ela não está mais.

Tenho sempre o "coração apertado".

Esse dilaceramento, muito forte hoje, na manhã cinzenta, me veio, pensando bem, da imagem de Rachel sentada ontem à noite, um pouco retirada, feliz com aquele coquetel, durante o qual ela falou um pouco com uns e outros, digna, "em seu lugar", como as mulheres não ficam mais, já que elas não querem mais um lugar – espécie de dignidade perdida e rara – que tinha mam. (ela estava presente com uma bondade absoluta, para todos, e, no entanto, "em seu lugar").

4 de dezembro de 1978

Escrevo cada vez menos minha tristeza mas, em certo sentido, ela está mais forte, passou para a categoria do eterno, desde que não a escrevo mais.

15 de dezembro de 1978

Sobre o fundo de angústia, de pânico (assédio, tarefas, maledicência literária), bola de tristeza que sobe:

1) Muitos, à minha volta, me amam, me cercam, mas nenhum é *forte*: todos (somos todos) loucos, neuróticos – sem falar dos afastados tipo RH. Só mam. era forte, porque ela estava intacta de toda neurose, de toda loucura.

2) Escrevo meu curso e chego a escrever *Meu Romance*. Penso então, com dor no coração, numa das últimas palavras de mam.: *Meu Roland! Meu Roland!* Tenho vontade de chorar.

[Sem dúvida, estarei mal enquanto não escrever algo *a partir dela* (*Foto* ou outra coisa).]

22 de dezembro de 1978

Oh, dizer o *profundo* desejo de recolhimento, de retiro, de "Não se ocupem comigo" que me vem, direta e inflexivelmente, da tristeza como que "eterna" – recolhimento tão *verdadeiro* que as pequenas batalhas inevitáveis, os jogos de imagens, as feridas, tudo o que acontece fatalmente quando se *sobrevive*, são apenas uma espuma salgada, amarga, na superfície de uma água profunda...

23 de dezembro de 1978

Pequenos aborrecimentos, ataques, ameaças, assédios, sentimento de malogro, período negro, carga pesada de levar, "trabalhos forçados" etc. Não posso me impedir de colocar tudo isso em relação com o desaparecimento de mam. Não é – magia simples – porque ela não está mais aqui para me proteger, meu trabalho esteve sempre concretamente mantido longe dela; – é antes – mas será a mesma coisa? Porque estou agora acuado a *iniciar-me no mundo* – dura iniciação. Misérias de um nascimento.

29 de dezembro de 1978

Continua sem diminuir a acídia, a amargura de coração, a propensão aos ciúmes etc.: tudo o que, em meu coração, faz com que eu não me ame mais.

Período de autodesvalorização (mecanismo clássico do luto).

Como reencontrar a *equanimidade*?

29 de dezembro de 1978

Tendo recebido, ontem, a foto que mandei reproduzir, de mam. quando menina, no jardim de inverno de Chennevières, tento colocá-la diante de mim, em minha mesa de trabalho. Mas é demais, é intolerável, dói demais. Essa imagem entra em conflito com todos os pequenos combates vãos, sem nobreza, de minha vida. A imagem é verdadeiramente uma medida, um juiz (compreendo agora como uma foto pode ser santificada, guiar → não é a *identidade* que é lembrada, é, nessa identidade, uma *expressão* rara, uma "virtude").

31 de dezembro de 1978

A tristeza é imensa, mas seu efeito sobre mim (pois a tristeza: não nela mesma: sequência de efeitos desviados) é uma espécie de depósito, de ferrugem, de lama depositada sobre meu coração: uma *amargura* de coração (irritabilidades, impaciências, ciúmes, falta de amor).

→ Oh, que contradição: torno-me, pela perda de mam., o contrário do que ela era. Quero viver segundo seu valor e só chego a seu contrário.

11 de janeiro de 1979

... dor de nunca mais pousar meus lábios sobre suas bochechas frescas e enrugadas...

[É banal
– A Morte, a tristeza não são mais do que: banais]

11 de janeiro de 1979

Sempre esta sensação dolorosa de que as tarefas, as pessoas, os pedidos etc. me separam de mam. – Aspiro ao "10 de março", não para entrar em férias, mas para reencontrar uma disponibilidade habitada por ela.

17 de janeiro de 1979

Pouco a pouco, precisa-se o efeito da falta: não tenho mais o gosto de *construir* nada de novo (exceto na escrita): nenhuma amizade, nenhum amor etc.

18 de janeiro de 1979

Desde a morte de mam., não tenho mais vontade de "construir" nada – salvo na escrita. Por quê? Literatura = única região da Nobreza (como era mam.)

20 de janeiro de 1979

Foto de mam. quando menina, ao longe – diante de mim, sobre a mesa. Bastava-me olhá-la, captar o *tal* de seu ser (que me debato por descrever) para ser reinvestido por, imerso em, invadido, inundado por sua bondade.

30 de janeiro de 1979

Não esquecemos,
mas algo de *átono* se instala em nós.

22 de fevereiro de 1979

O que me separa de mam. (do luto que era minha identificação com ela) é a espessura (crescente, progressivamente acumulada) do tempo em que, desde sua morte, pude viver sem ela, habitar o apartamento, trabalhar, sair etc.

7 de março de 1979

Por que não posso me prender, aderir a certas obras, a certos seres: por ex., JMV? É que meus *valores* infusos (estéticos e éticos) me vêm de mam. Aquilo de que ela gostava (ou não gostava) formou meus valores.

9 de março de 1979

Mamãe e a pobreza; sua luta, seus dissabores, sua coragem. Espécie de epopeia sem atitude heroica.

15 de março de 1979

Só eu conheço meu caminho há um ano e meio: a economia desse luto imóvel e não espetacular, que me manteve constantemente separado por tarefas; separação que, no fundo, sempre projetei de fazer cessar por meio de um livro – Obstinação, clandestinidade.

18 de março de 1979

Na noite passada, sonho mau. Cena com mam. Dissensão, dor, soluços: eu estava separado dela por alguma coisa (decisão da parte dela?) de *espiritual*. Sua decisão concernia também a Michel. Ela estava inacessível.

18 de março de 1979

Cada vez que sonho com ela (e só sonho com ela), é para vê-la, acreditar que ela está viva, mas outra, separada.

29 de março de 1979[1]

Vivo sem nenhuma preocupação com a posteridade, nenhum desejo de ser lido mais tarde (exceto, financeiramente, para Michel), a perfeita aceitação de desaparecer completamente, nenhum desejo de "monumento" – mas não posso suportar que isso aconteça com mam. (talvez porque ela não escreveu e porque sua lembrança depende inteiramente de mim).

....
1. A redação de *La chambre claire* começa depois desta data: no fim do livro, está mencionado: "15 de abril – 3 de junho de 1979".

1º de maio de 1979

Eu não era *como* ela, já que não morri com (ao mesmo tempo que) ela.

18 de junho de 1979
Volta da Grécia

Desde a morte de mam., minha vida não chega a se constituir como *lembrança*. Fosca, sem o halo vibrante que produz o "Eu me lembro..."

22 de julho de 1979

Todos os "salvamentos" do Projeto[2] malogram. Reencontro-me sem nada para fazer, sem nehuma obra diante de mim – exceto as tarefas repetidas da rotina. Toda forma do Projeto: mole, não resistente, fraco coeficiente de energia. "Para quê?"

É como se acontecesse agora, claramente (retardada até então por sucessivos logros), a repercussão solene do luto sobre a possibilidade de fazer uma obra.
Prova maior, prova adulta, central, decisiva do luto.

---
2. Trata-se, sem dúvida, de projeto intitulado *Vita Nova*.

13 de agosto de 1979

Deixando Urt, depois de uma estada difícil, no trem, perto de Dax (essa luz do sudoeste[3] que acompanhou minha vida), desesperado, em lágrimas, pela morte de mam.

---

3. Pode-se ler, a esse respeito, "La lumière du Sud-Ouest", publicado no jornal *L'Humanité* do dia 10 de setembro de 1977. In: Roland Barthes, *Oeuvres complètes,* ed. Éric Marty, Paris, Seuil, 2002, vol. V, pp. 330-334.

(19 de agosto de 1979)

Como mam., ao mesmo tempo que nos dava uma lei interiorizada (imagem de uma nobreza), deixou-nos (M e eu) acessíveis ao desejo, ao gosto das coisas: o contrário do "*aborrecimento* radical, íntimo, acre e incessante" que impedia Flaubert de fruir qualquer coisa e enchia sua alma até fazê-la morrer.

1º de setembro de 1979

Volta a Urt, no avião.

Sempre viva mas muda, a dor, a tristeza... ("Mon R. mon R").

— Fico infeliz, triste, em Urt.
— Sou portanto feliz em Paris? Não, esta é a armadilha. O contrário de uma coisa não é seu contrário etc.

Eu deixava um lugar onde estava infeliz, e deixá-lo não me fazia mais feliz.

1º de setembro de 1979

Não posso, simbolicamente, abster-me de ir, cada vez que viajo a Urt, na chegada e na partida, ver o túmulo de mam. Mas, chegando diante dele, não sei o que fazer. Rezar? O que quer dizer isso? Que conteúdo? Simplesmente o esboço fugitivo de uma posição de interioridade. Por isso, vou logo embora

(além do mais, os túmulos desse cemitério, embora rural, são tão feios...).

1º de setembro de 1979

Tristeza, impossibilidade de estar bem em qualquer lugar, opressões, irritações e remorsos que se sucedem uns aos outros, tudo isso está sob a expressão "miséria do homem", empregada por Pascal.

2 de setembro de 1979

Sesta. Sonho: *exatamente* seu sorriso.
Sonho: lembrança integral, bem-sucedida.

15 de setembro de 1979

Algumas manhãs são tão tristes...

ALGUNS FRAGMENTOS NÃO DATADOS

[depois da morte de mam.]
Dolorosamente, a incapacidade doravante – de *me agitar*...

*

Suicídio.
Como saberei que não sofro mais, se estiver morto?

*

Na imaginação que eu podia ter de minha morte (como todos a têm), eu acrescentava igualmente, à angústia de desaparecer cedo, a da dor *insuportável* que eu lhe causaria.

*

Sobre a raridade – a insignificância de nossa verbalização, de nossas palavras: sim, mas jamais uma platitude, uma bobagem – uma gafe...

*

A "Natureza"
Sem ser de origem camponesa, como ela amava a "Natureza", isto é, o Natural – sem nenhum dos gestos de Antipoluição, isso não era de sua geração. Ela se sentia bem nos jardins um pouco emaranhados etc.

ALGUMAS NOTAS
SOBRE MAM.

11 de março de 1979

FMB quer, a todo preço, apresentar-me Hélène de Wendel, como mulher (do mundo) de uma delicadeza excepcional etc. Não tenho nenhuma vontade de o fazer, pois:
– certamente tenho sede de delicadeza nas pessoas, mas, ao mesmo tempo, sei que mam. não tinha nenhum interesse por esse mundo, ou esse tipo de mulher. Sua delicadeza era absolutamente atópica (socialmente): para além das classes: sem marca.

*

15 de abril de 1977

A enfermeira da manhã se dirige a mamãe como a uma criança, com uma voz um pouco alta demais, inquisitorial, repreensiva e tola. Ela não sabe que mamãe *a julga*.

[É isso, a tolice]

Nunca falamos da *inteligência* de uma mãe, como se isso fosse diminuir sua afetividade, distanciá-la. Mas a inteligência é: tudo o que nos permite viver soberanamente com um ser.

*

– Mam. e a religião
– Nunca verbalizava
– Um apego (mas de que espécie?) ao grupo de Bayonne
– A bondade para com a minoria?
– A não violência

*

7 de junho de 1978

O cristianismo: a Igreja: sim, éramos decididamente contra, quando ela estava associada ao Estado, ao Poder, ao Colonialismo, à Burguesia etc.

Mas, outro dia, uma espécie de evidência do tipo: *no fundo...* Ainda ela? E não é ela, no circo das ideologias, das morais, o único lugar em que se pensa ainda um pouco na *não violência*?

No entanto, mantenho uma nítida separação com respeito à Fé (e, naturalmente, ao Pecado). Mas será importante? Uma Fé sem violência (sem militantismo, sem proselitismo)?

(Igrejas) Cristãos: passam, de triunfantes, à categoria dos *Coitados* (sim, mas USA? Carter etc.).

Caso Aldo Moro: melhor do que um mártir, não um herói: um *coitado*.

*

Forma de discrição:
fazer as coisas nós mesmos, não mandar fazê-las por outros
autarquia empírica
laço afetivo

*

Como o ser amado é um *relé*, funda em afeto as grandes opções.

Porque o fascismo me causa horror.

Mediadora.

Eu nunca entendia *onde* se fundamenta o militantismo – as ideias etc.

a força das ideias (já que para mim, cético, não há instância de verdade).

Minha relação com a violência.

Porque não aceito jamais as justificativas (e talvez mesmo a *verdade*) da violência: porque não posso (não podia: mas, estando ela morta, é a mesma coisa) suportar (*insuportável*) a dor que lhe teria causado, lhe causaria uma violência de que eu fosse objeto.

*

Falar de mam.: e então, a Argentina, o fascismo argentino, as prisões, as torturas políticas etc.?

Ela ficaria chocada. E eu a imagino, com horror, entre as mulheres e mães de desaparecidos que se manifestam aqui e lá. Como ela teria sofrido se me tivesse perdido.

*

Presença total
        absoluta
nenhum peso

a densidade, não o peso

*

Começar:
"Durante todo o tempo que vivi com ela – toda a minha vida – minha mãe nunca me fez *uma observação*.

*

Mam. nunca me fez uma *observação* – Por isso, não as suporto.

(ver a carta de FW)

*

Mam. : (a vida toda): espaço sem agressão, sem mesquinharia – Ela nunca me fez uma *observação* (horror que tenho dessa palavra e da coisa).

*

(16 de junho de 1978)

Uma mulher, que mal conheço e que devo visitar, me telefona (me importuna, me assedia) inutilmente, para dizer:

desça em tal parada do ônibus, preste atenção ao atravessar, ficará para jantar? etc.

Nunca minha mãe me disse essas coisas. Ela nunca me tratou como uma criança irresponsável.

*

Hendaye[1]

Ela: não muito feliz
era uma *herança*

---

1. Cidade basca, na fronteira com a Espanha.